Impressum
Verlag: BABADADA GmbH, Nedderfeld 112 , 22529 Hamburg
Geschäftsführer / Verlagsleitung: Harald Hof
Druck: Books on Demand GmbH, In de Tarpen 42, 22848 Norderstedt

Imprint
Publisher: BABADADA GmbH, Nedderfeld 112 , 22529 Hamburg, Germany
Managing Director / Publishing direction: Harald Hof
Print: Books on Demand GmbH, In de Tarpen 42, 22848 Norderstedt

die Schule

school

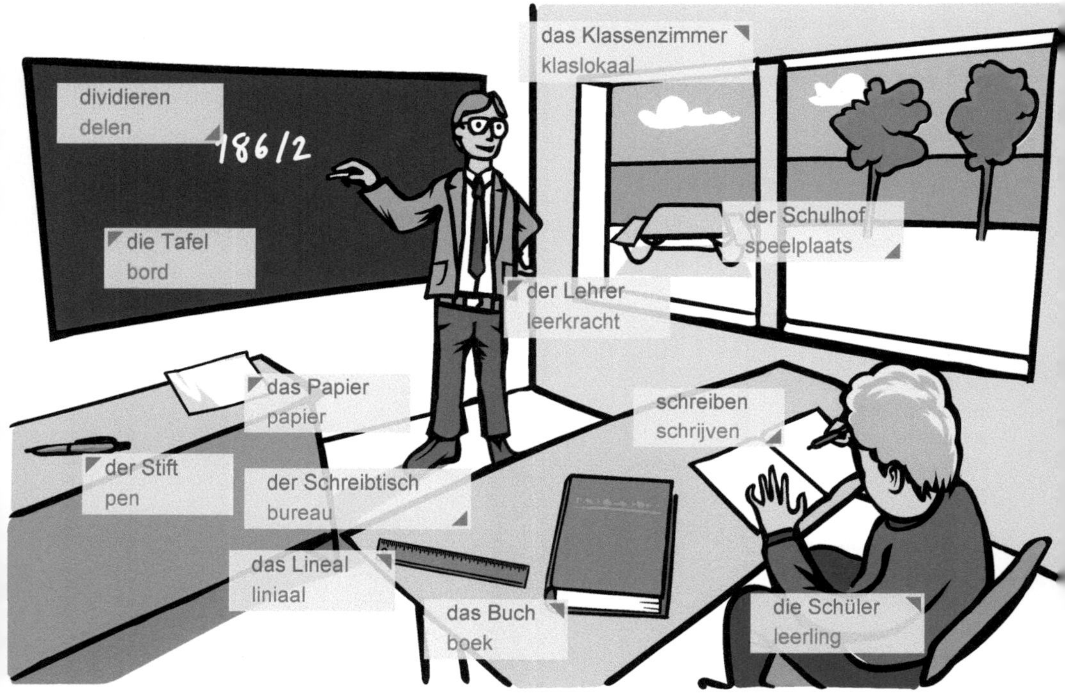
das Klassenzimmer
klaslokaal
dividieren
delen
186/2
die Tafel
bord
der Schulhof
speelplaats
der Lehrer
leerkracht
das Papier
papier
schreiben
schrijven
der Stift
pen
der Schreibtisch
bureau
das Lineal
liniaal
das Buch
boek
die Schüler
leerling

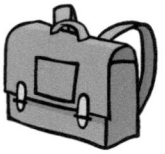

der Ranzen

schooltas

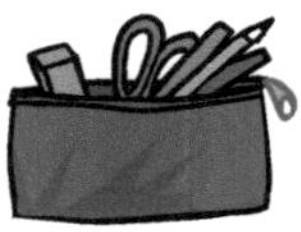

die Federmappe

pennenzak

der Bleistift

potlood

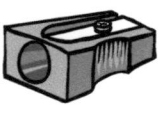

der Bleistiftanspitzer

puntenslijper

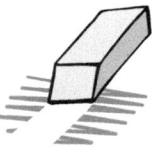

das Radiergummi

gom

der Zeichenblock

tekenblok

die Zeichnung
tekening

der Pinsel
verfborstel

der Malkasten
verfdoos

die Schere
schaar

der Klebstoff
lijm

das Übungsheft
werkboek

die Hausaufgabe
huiswerk

12

die Zahl
nummer

2+2

addieren
optellen

5-2

subtrahieren
aftrekken

2×2

multiplizieren
vermenigvuldigen

rechnen
rekenen

A

der Buchstabe
letter

ABCDEFG
HIJKLMN
OPQRSTU
VWXYZ

das Alphabet
alfabet

das Wort
woord

der Text

tekst

lesen

Lezen

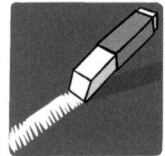

die Kreide

krijt

die Stunde

les

das Klassenbuch

klassenboek

die Prüfung

examen

das Zeugnis

certificaat

die Schuluniform

schooluniform

die Ausbildung

onderwijs

das Lexikon

encyclopedie

die Universität

universiteit

das Mikroskop

microscoop

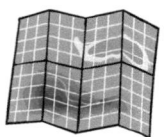

die Karte

kaart

der Papierkorb

papiermand

die Schule - school

die Reise

reis

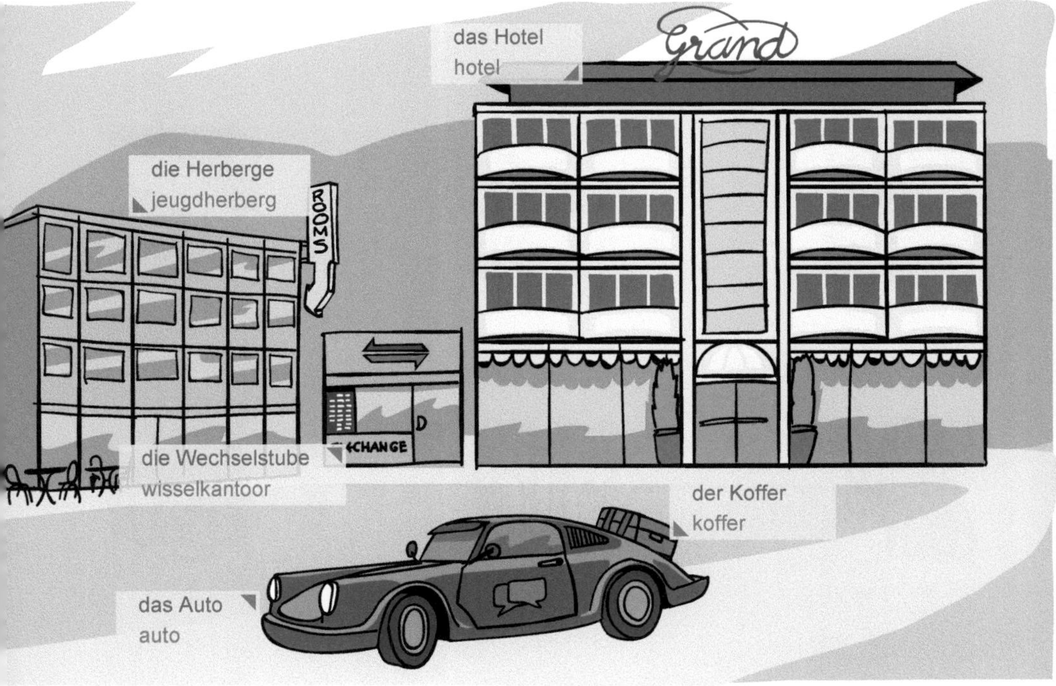

Grand
das Hotel
hotel
die Herberge
jeugdherberg
ROOMS
die Wechselstube
wisselkantoor
CHANGE
der Koffer
koffer
das Auto
auto

die Sprache

Taal

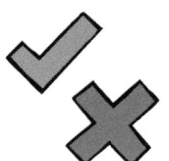

ja / nein

ja / nee

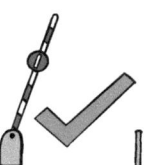

Okay

oké

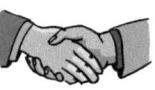

Hallo

hallo

der Übersetzer

vertaler

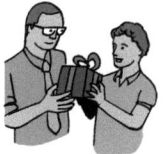

Danke

bedankt

Was kostet...?

Hoeveel kost ...?

Ich verstehe nicht

Ik begrijp het niet

das Problem

probleem

Guten Abend!

Goedenavond!

Guten Morgen!

Goedemorgen!

Gute Nacht!

Goedenavond!

Auf Wiedersehen

Tot ziens

die Richtung

richting

das Gepäck

bagage

die Tasche

zak

der Rucksack

rugzak

der Gast

gast

das Zimmer

kamer

der Schlafsack

slaapzak

das Zelt

tent

die Touristeninformation

toeristeninformatie

der Strand

strand

die Kreditkarte

kredietkaart

das Frühstück

ontbijt

das Mittagessen

lunch

das Abendessen

avondeten

die Fahrkarte

ticket

der Fahrstuhl

lift

die Briefmarke

postzegel

die Grenze

grens

der Zoll

douane

die Botschaft

ambassade

das Visum

visum

der Pass

paspoort

die Reise - reis

der Transport
transport

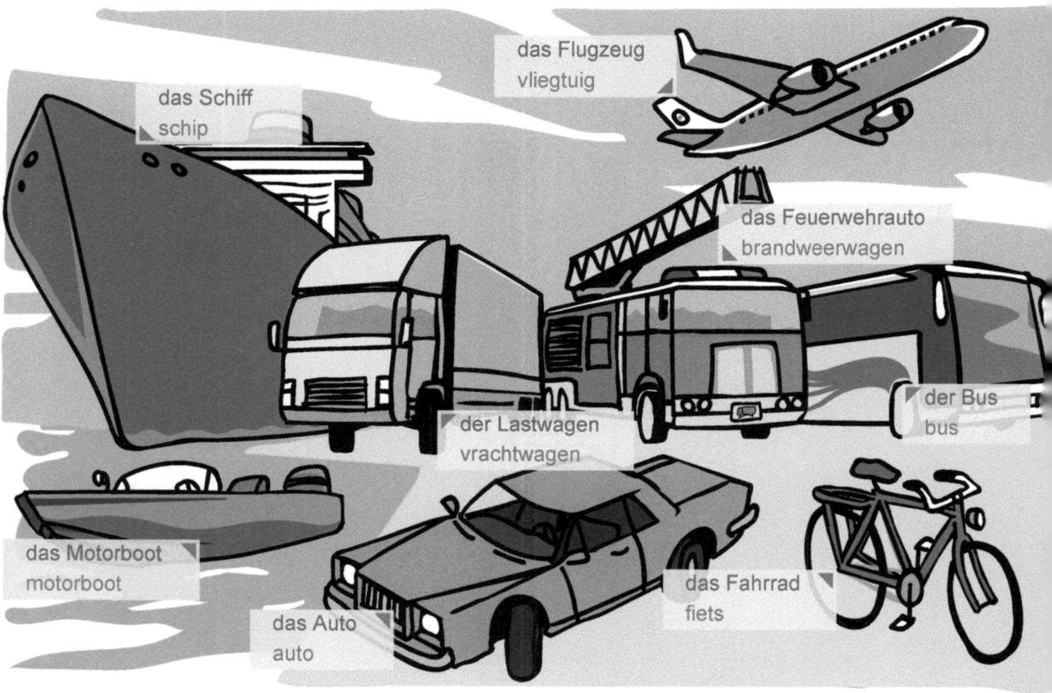

das Flugzeug
vliegtuig
das Schiff
schip
das Feuerwehrauto
brandweerwagen
der Bus
bus
der Lastwagen
vrachtwagen
das Motorboot
motorboot
das Fahrrad
fiets
das Auto
auto

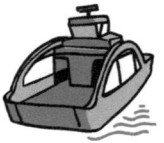

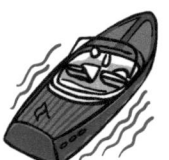

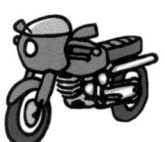

die Fähre

veerboot

das Boot

boot

das Motorrad

motor

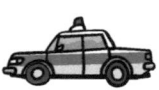

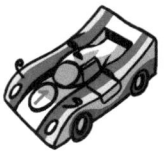

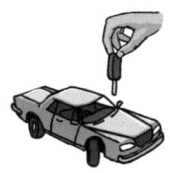

das Polizeiauto

politiewagen

das Rennauto

racewagen

der Mietwagen

huurauto

das Carsharing

carpoolen

der Abschleppwagen

sleepwagen

das Müllauto

vuilniswagen

der Motor

motor

der Kraftstoff

benzine

die Tankstelle

benzinestation

das Verkehrsschild

verkeersbord

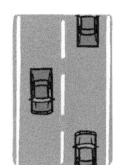

der Verkehr

verkeer

der Stau

file

der Parkplatz

parkeerplaats

der Bahnhof

station

die Schienen

sporen

der Zug

trein

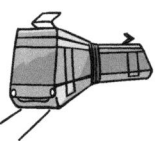

die Straßenbahn

tram

der Wagon

wagon

der Helikopter

helikopter

der Flughafen

luchthaven

der Tower

toren

der Passagier

passagier

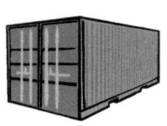

der Container

container

der Karton

karton

der Karren

kar

der Korb

mand

starten / landen

opstijgen / landen

die Stadt

stad

das Dorf

dorp

das Stadtzentrum

stadscentrum

das Haus

huis

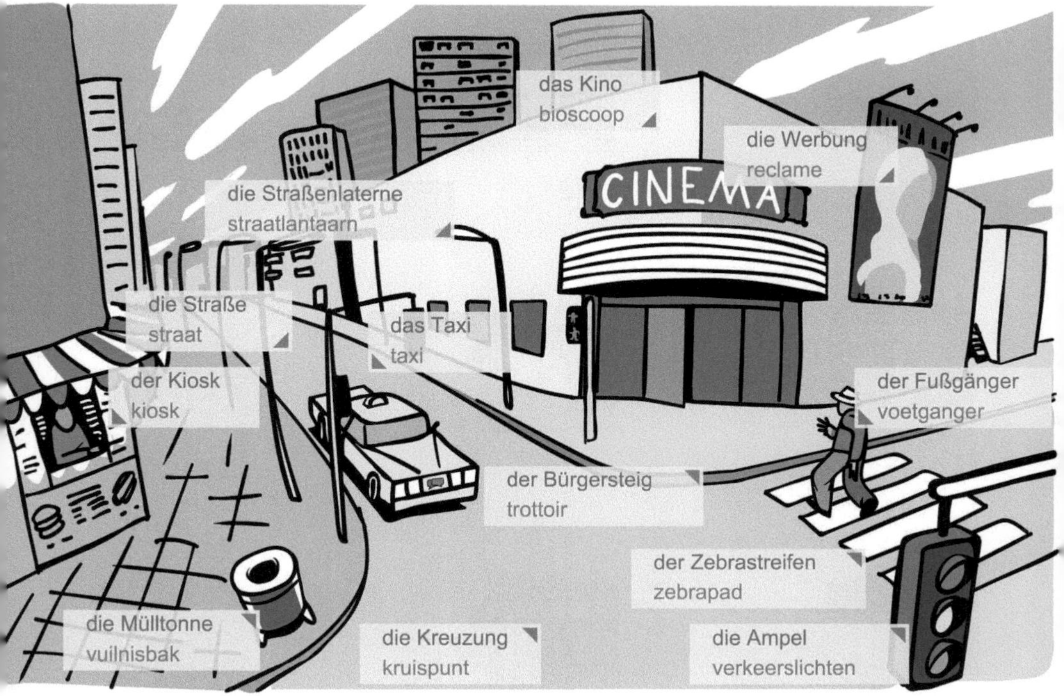

das Kino
bioscoop

die Werbung
reclame

die Straßenlaterne
straatlantaarn

CINEMA

die Straße
straat

das Taxi
taxi

der Kiosk
kiosk

der Fußgänger
voetganger

der Bürgersteig
trottoir

der Zebrastreifen
zebrapad

die Mülltonne
vuilnisbak

die Kreuzung
kruispunt

die Ampel
verkeerslichten

die Hütte

hut

die Wohnung

woning

der Bahnhof

station

das Rathaus

stadshuis

das Museum

museum

die Schule

school

die Stadt - stad

die Universität

universiteit

die Bank

bank

das Krankenhaus

ziekenhuis

das Hotel

hotel

die Apotheke

apotheek

das Büro

kantoor

die Buchhandlung

boekwinkel

das Geschäft

winkel

der Blumenladen

bloemenwinkel

der Supermarkt

supermarkt

der Markt

markt

das Kaufhaus

warenhuis

der Fischhändler

vishandelaar

das Einkaufszentrum

winkelcentrum

der Hafen

haven

der Park

park

die Bank

bank

die Brücke

brug

die Treppe

trap

die U-Bahn

metro

der Tunnel

tunnel

die Bushaltestelle

bushalte

die Bar

bar

das Restaurant

restaurant

der Briefkasten

brievenbus

das Straßenschild

straatnaambord

die Parkuhr

parkeermeter

der Zoo

zoo

die Badeanstalt

zwembad

die Moschee

moskee

der Bauernhof

boerderij

die Umweltverschmutzung

milieuverontreiniging

der Friedhof

kerkhof

die Kirche

kerk

der Spielplatz

speelplaats

der Tempel

tempel

die Landschaft
landschap

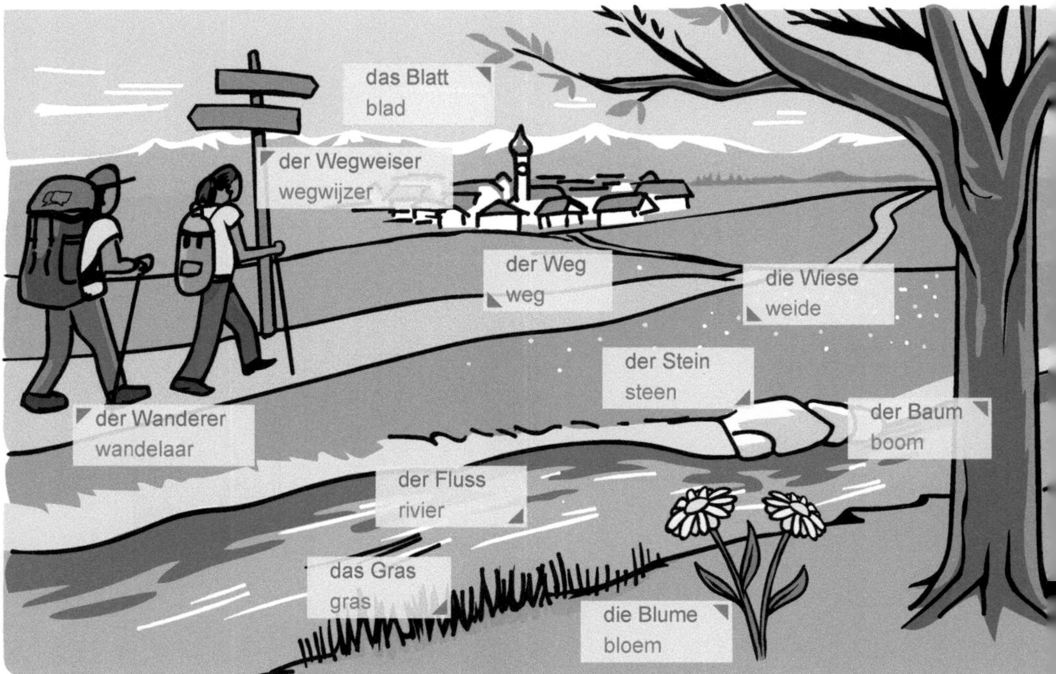

das Blatt
blad

der Wegweiser
wegwijzer

der Weg
weg

die Wiese
weide

der Stein
steen

der Baum
boom

der Wanderer
wandelaar

der Fluss
rivier

das Gras
gras

die Blume
bloem

das Tal

vallei

der Berg

heuvel

der See

meer

der Wald

bos

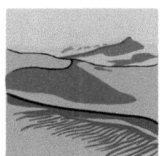

die Wüste

woestijn

der Vulkan

vulkaan

das Schloss

kasteel

der Regenbogen

regenboog

der Pilz

paddenstoel

die Palme

palmboom

der Moskito

mug

die Fliege

vlieg

die Ameise

mier

die Biene

bijl

die Spinne

spin

die Landschaft - landschap

der Käfer

kever

der Frosch

kikker

das Eichhörnchen

eekhoorn

der Igel

egel

der Hase

haas

die Eule

uil

die Vogel

vogel

der Schwan

zwaan

das Wildschwein

wild zwijn

der Hirsch

hert

der Elch

eland

der Staudamm

dam

das Windrad

windturbine

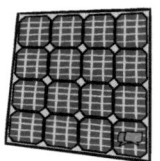

das Solarmodul

zonnepaneel

das Klima

klimaat

das Restaurant

restaurant

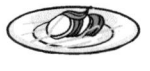

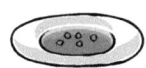

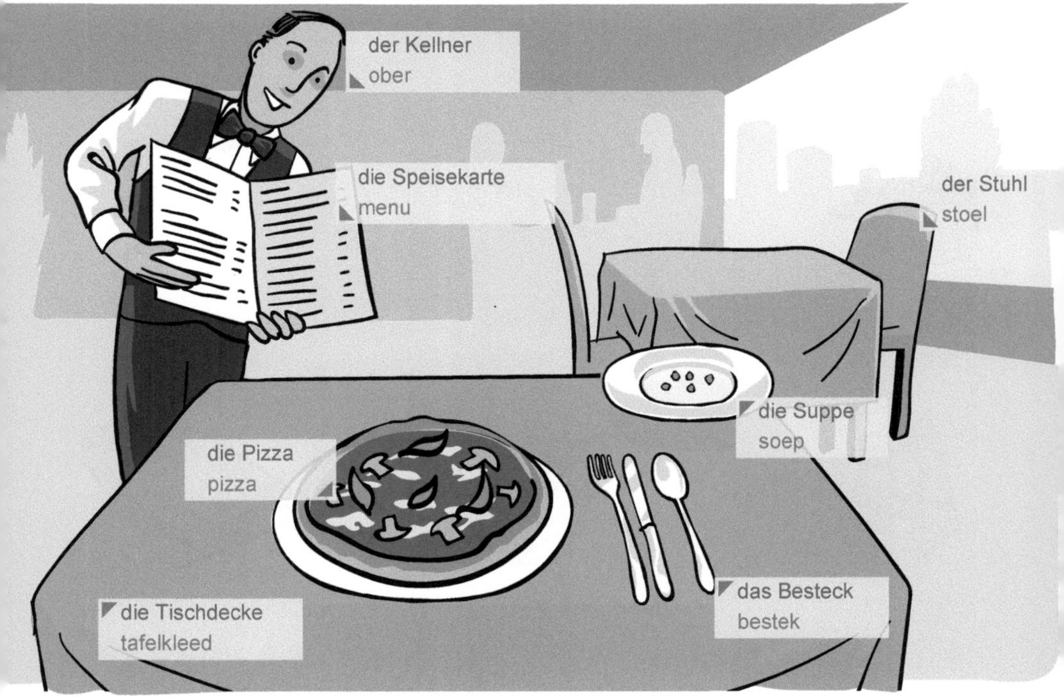
der Kellner
ober
die Speisekarte
menu
der Stuhl
stoel
die Suppe
soep
die Pizza
pizza
das Besteck
bestek
die Tischdecke
tafelkleed

die Vorspeise

voorgerecht

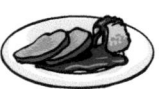

das Hauptgericht

hoofdgerecht

die Nachspeise

nagerecht

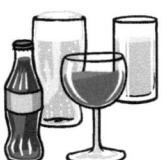

die Getränke

drankjes

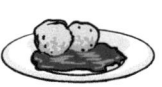

das Essen

eten

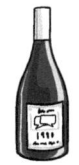

die Flasche

fles

das Fastfood

fastfood

das Streetfood

street food

die Teekanne

theepot

die Zuckerdose

suikerpot

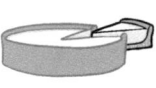

die Portion

portie

die Espressomaschine

espressomachine

der Hochstuhl

kinderstoel

die Rechnung

rekening

das Tablett

dienblad

das Messer

mes

die Gabel

vork

der Löffel

lepel

der Teelöffel

theelepel

die Serviette

serviette

das Glas

glas

der Teller

bord

der Suppenteller

soepbord

die Untertasse

schoteltje

die Sauce

saus

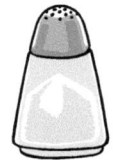

der Salzstreuer

zoutvatje

die Pfeffermühle

pepermolen

der Essig

azijn

das Öl

olie

die Gewürze

kruiden

das Ketchup

ketchup

der Senf

mosterd

die Mayonnaise

mayonaise

der Supermarkt
supermarkt

das Angebot
aanbieding
FOR
der Kunde
klant
die Milchprodukte
zuivelproducten
das Obst
fruit
der Einkaufswagen
winkelwagen

BUTCHERS

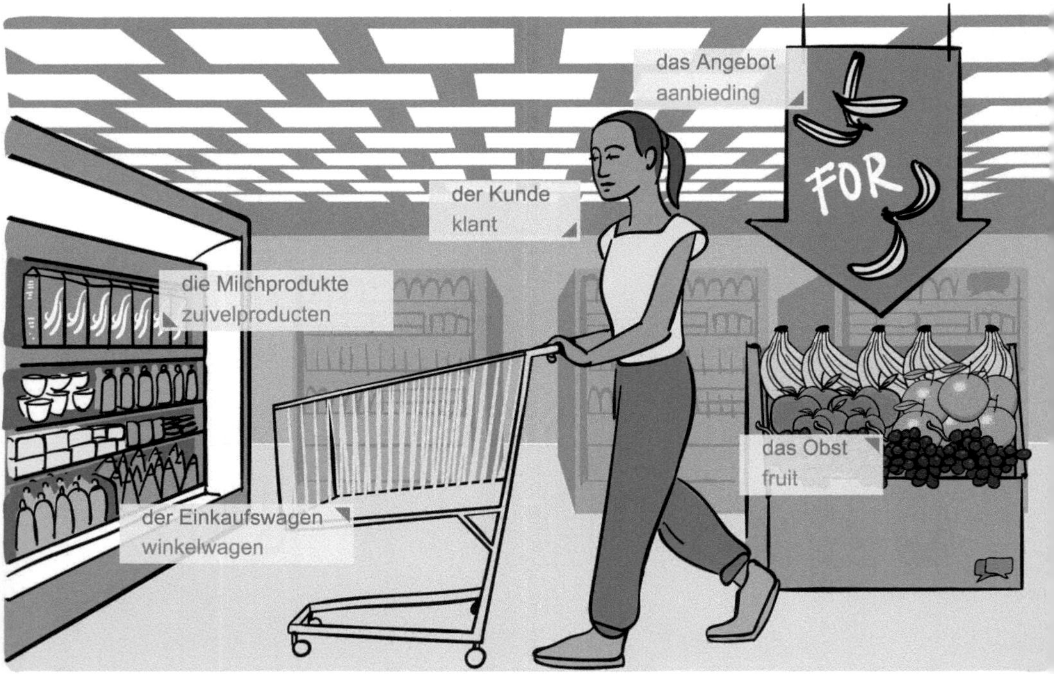

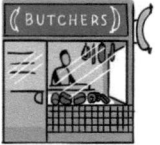

die Schlachterei

slagerij

BAKERY

die Bäckerei

bakkerij

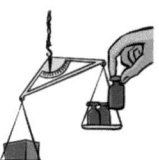

wiegen

wegen

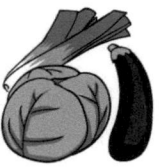

das Gemüse

groenten

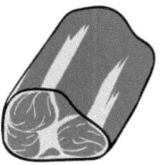

das Fleisch

vlees

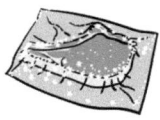

die Tiefkühlkost

diepvriesvoedsel

der Aufschnitt

charcuterie

die Konserven

conserven

das Waschmittel

waspoeder

die Süßigkeiten

snoep

die Haushaltsartikel

huishoudproducten

das Reinigungsmittel

schoonmaakproducten

die Verkäuferin

verkoopster

die Kasse

kassa

der Kassierer

kassier

die Einkaufsliste

boodschappenlijstje

die Öffnungszeiten

openingstijden

die Brieftasche

portefeuille

die Kreditkarte

kredietkaart

die Tasche

tas

die Plastiktüte

plastieken zakje

die Getränke
drankjes

das Wasser

water

der Saft

sap

die Milch

melk

die Cola

cola

der Wein

wijn

das Bier

bier

der Alkohol

alcohol

der Kakao

cacao

der Tee

thee

der Kaffee

koffie

der Espresso

espresso

der Cappuccino

cappuccino

die Banane

banaan

der Apfel

appel

die Orange

sinaasappel

die Melone

meloen

die Zitrone

citroen

die Karotte

wortel

der Knoblauch

knoflook

der Bambus

bamboe

die Zwiebel

ajuin

der Pilz

champignon

die Nüsse

noten

die Nudeln

noodles

die Spaghetti

spaghetti

der Reis

rijst

der Salat

salade

die Pommes frites

frieten

die Bratkartoffeln

gebakken aardappelen

die Pizza

pizza

der Hamburger

hamburger

das Sandwich

sandwich

das Schnitzel

kalfslapje

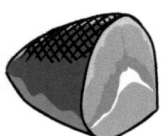

der Schinken

ham

die Salami

salami

die Wurst

worst

das Huhn

kip

der Braten

braden

der Fisch

vis

das Essen - eten

die Haferflocken

havervlokken

das Müsli

muesli

die Cornflakes

cornflakes

das Mehl

bloem

das Croissant

croissant

das Brötchen

pistolet

das Brot

brood

der Toast

toast

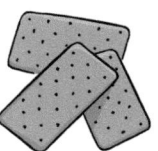

die Kekse

koekjes

die Butter

boter

der Quark

kwark

der Kuchen

taart

das Ei

ei

das Spiegelei

spiegelei

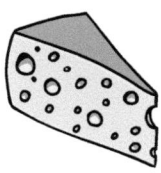

der Käse

kaas

die Eiscreme

ijs

der Zucker

suiker

der Honig

honing

die Marmelade

confituur

die Nougat-Creme

choco

das Curry

curry

der Bauernhof
boerderij

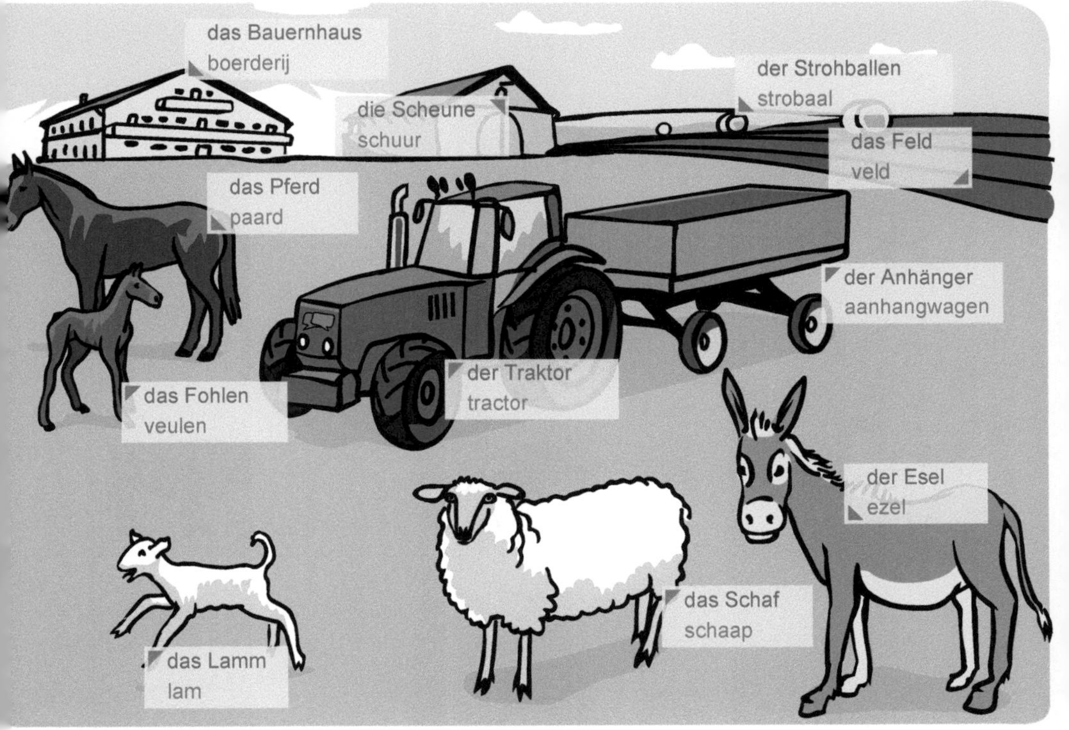
das Bauernhaus
boerderij
die Scheune
schuur
der Strohballen
strobaal
das Feld
veld
das Pferd
paard
der Anhänger
aanhangwagen
der Traktor
tractor
das Fohlen
veulen
der Esel
ezel
das Schaf
schaap
das Lamm
lam

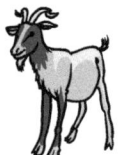

die Ziege

geit

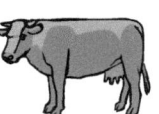

die Kuh

koe

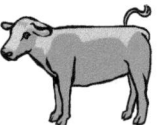

das Kalb

kalf

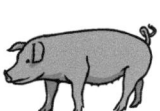

das Schwein

varken

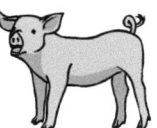

das Ferkel

biggetje

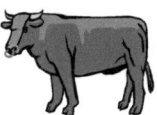

der Bulle

stier

die Gans

gans

die Ente

eend

das Küken

kuiken

das Huhn

kip

der Hahn

haan

die Ratte

rat

die Katze

kat

die Maus

muis

der Ochse

os

der Hund

hond

die Hundehütte

hondenhok

der Gartenschlauch

tuinslang

die Gießkanne

gieter

die Sense

zeis

der Pflug

ploeg

der Bauernhof - boerderij

die Sichel

sikkel

die Hacke

schoffel

die Mistgabel

hooivork

die Axt

bijl

die Schubkarre

kruiwagen

der Trog

trog

die Milchkanne

melkkan

der Sack

zak

der Zaun

hek

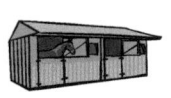

der Stall

stal

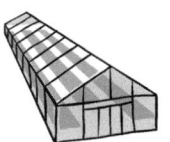

das Treibhaus

broeikas

der Boden

bodem

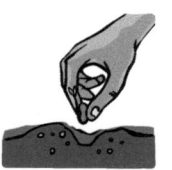

die Saat

zaad

der Dünger

mest

der Mähdrescher

maaidorser

ernten
oogsten

die Ernte
oogst

die Yamswurzel
yam

der Weizen
tarwe

das Soja
soja

die Kartoffel
aardappel

der Mais
maïs

der Raps
koolzaad

der Obstbaum
fruitboom

der Maniok
maniok

das Getreide
graan

das Haus
huis

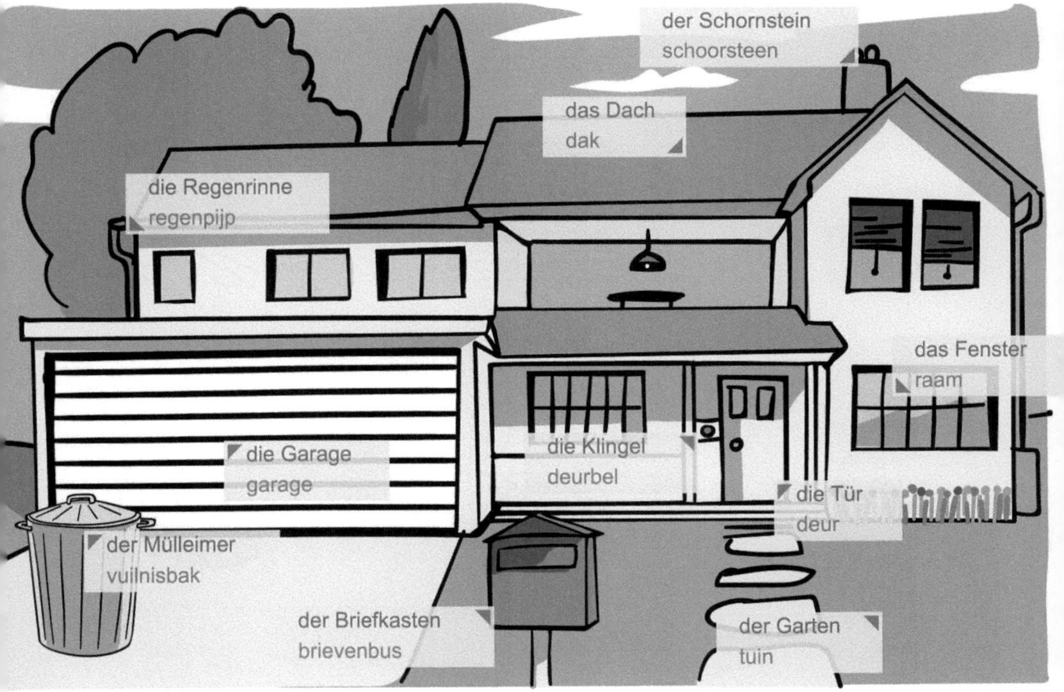
der Schornstein
schoorsteen
das Dach
dak
die Regenrinne
regenpijp
das Fenster
raam
die Garage
garage
die Klingel
deurbel
die Tür
deur
der Mülleimer
vuilnisbak
der Briefkasten
brievenbus
der Garten
tuin

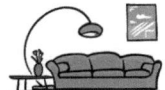

das Wohnzimmer

woonkamer

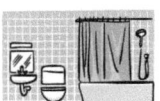

das Badezimmer

badkamer

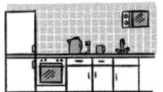

die Küche

keuken

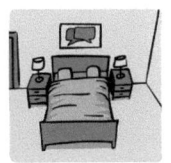

das Schlafzimmer

slaapkamer

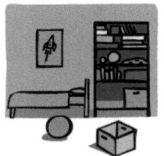

das Kinderzimmer

kinderkamer

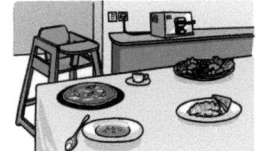

das Esszimmer

eetkamer

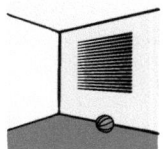

der Boden

vloer

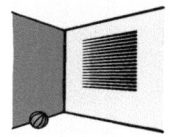

die Wand

muur

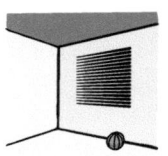

die Decke

plafond

der Keller

kelder

die Sauna

sauna

der Balkon

balkon

die Terrasse

terras

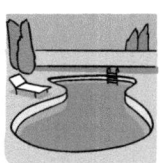

das Schwimmbad

zwembad

der Rasenmäher

grasmaaier

der Bettbezug

dekbedovertrek

die Bettdecke

dekbed

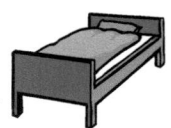

das Bett

bed

der Besen

bezem

der Eimer

emmer

der Schalter

schakelaar

das Wohnzimmer

woonkamer

die Tapete
behangpapier
das Bild
foto
die Lampe
lamp
das Regal
schap
der Schrank
kast
der Fernseher
televisie
der Kamin
open haard
die Blume
bloem
das Kissen
kussen
das Sofa
sofa
die Vase
vaas
die Fernbedienung
afstandsbediening

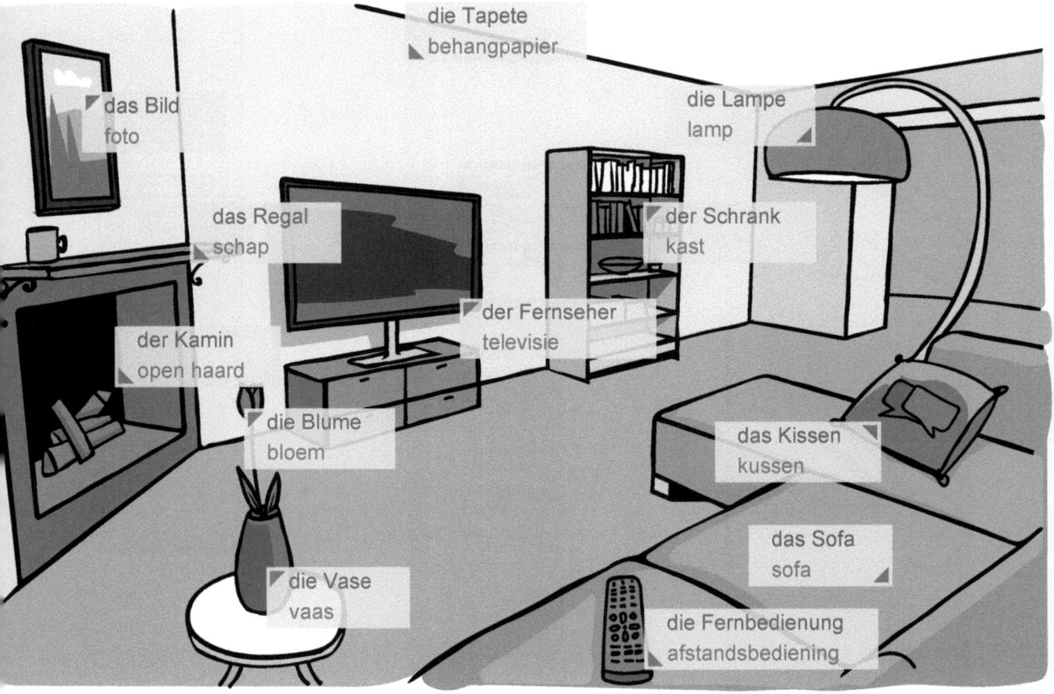

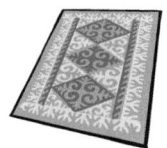

der Teppich

mat

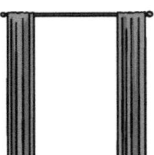

der Vorhang

gordijn

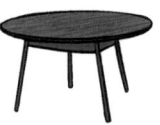

der Tisch

tafel

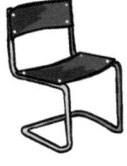

der Stuhl

stoel

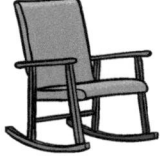

der Schaukelstuhl

schommelstoel

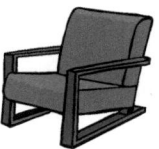

der Sessel

fauteuil

das Buch

boek

die Decke

deken

die Dekoration

decoratie

das Feuerholz

brandhout

der Film

film

die Stereoanlage

stereo-installatie

der Schlüssel

sleutel

die Zeitung

krant

das Gemälde

schilderij

das Poster

poster

das Radio

radio

der Notizblock

notitieboekje

der Staubsauger

stofzuiger

der Kaktus

cactus

die Kerze

kaars

die Küche
keuken

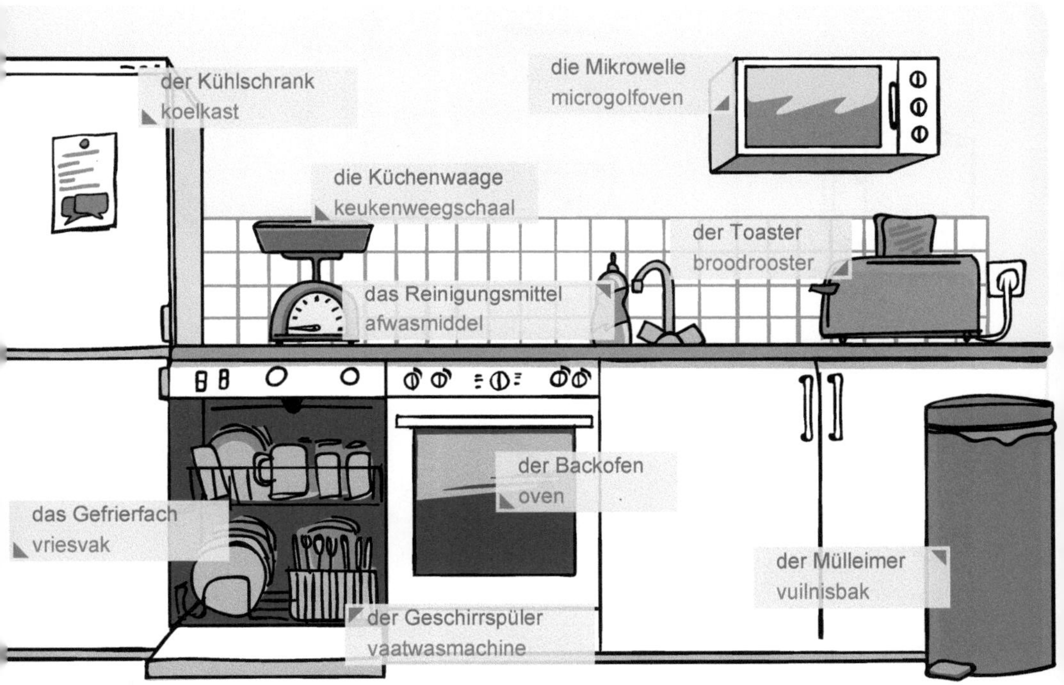
der Kühlschrank
koelkast
die Mikrowelle
microgolfoven
die Küchenwaage
keukenweegschaal
der Toaster
broodrooster
das Reinigungsmittel
afwasmiddel
der Backofen
oven
das Gefrierfach
vriesvak
der Mülleimer
vuilnisbak
der Geschirrspüler
vaatwasmachine

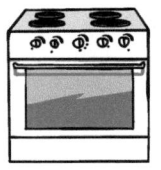

der Herd

fornuis

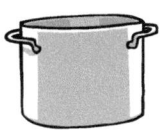

der Topf

pot

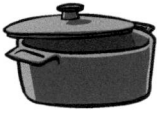

der Eisentopf

gietijzeren pot

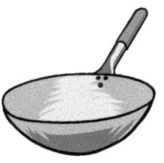

der Wok / Kadai

wok / kadai

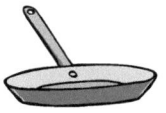

die Pfanne

pan

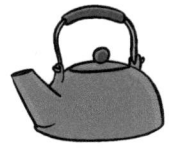

der Wasserkocher

waterkoker

der Dampfgarer

stoomkoker

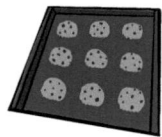

das Backblech

bakplaat

das Geschirr

servies

der Becher

mok

die Schale

kom

die Essstäbchen

eetstokjes

die Suppenkelle

pollepel

der Pfannenwender

spatel

der Schneebesen

garde

das Kochsieb

vergiet

das Sieb

zeef

die Reibe

rasp

der Mörser

mortier

der Grill

barbecue

die Feuerstelle

haardvuur

das Schneidebrett

snijplank

das Nudelholz

deegrol

der Korkenzieher

kurkentrekker

die Dose

blik

der Dosenöffner

blikopener

der Topflappen

pannenlap

das Waschbecken

gootsteen

die Bürste

borstel

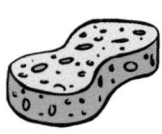

der Schwamm

spons

der Mixer

blender

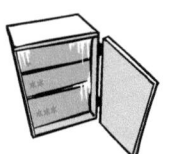

die Gefriertruhe

vriezer

die Babyflasche

papfles

der Wasserhahn

kraan

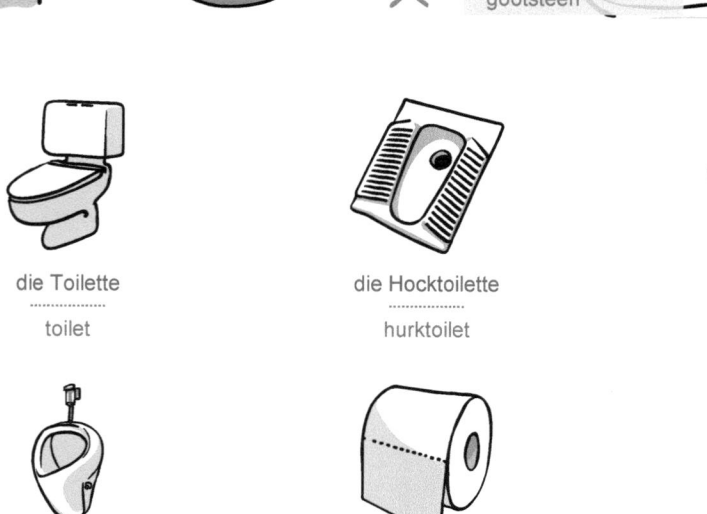

das Badezimmer
badkamer

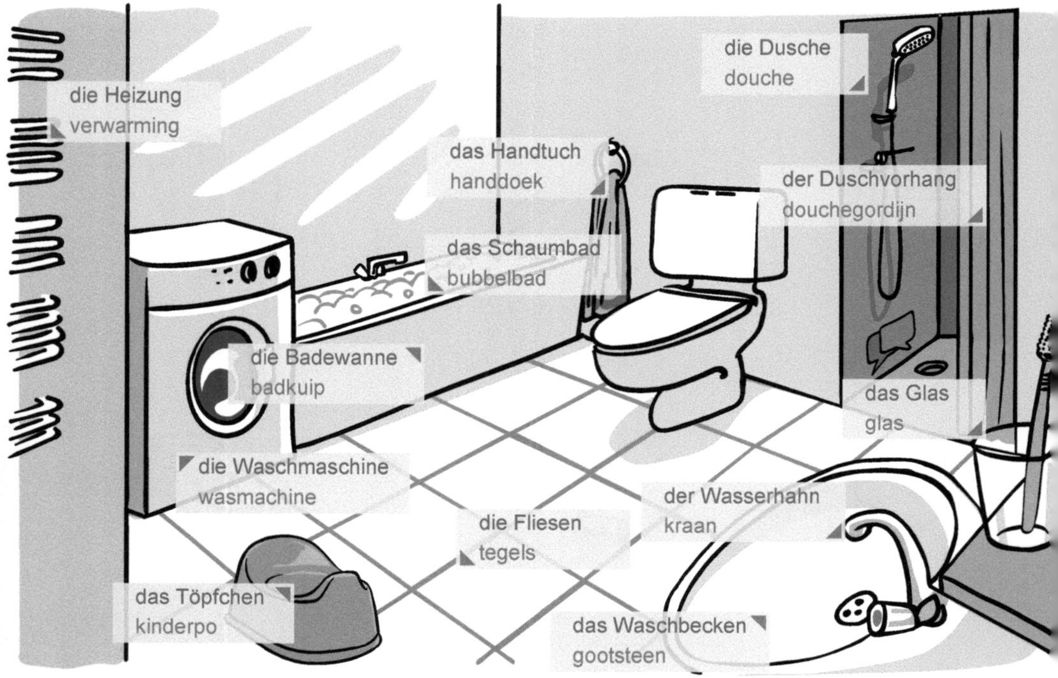

die Heizung
verwarming
das Handtuch
handdoek
die Dusche
douche
der Duschvorhang
douchegordijn
das Schaumbad
bubbelbad
die Badewanne
badkuip
das Glas
glas
die Waschmaschine
wasmachine
der Wasserhahn
kraan
die Fliesen
tegels
das Töpfchen
kinderpo
das Waschbecken
gootsteen

die Toilette

toilet

die Hocktoilette

hurktoilet

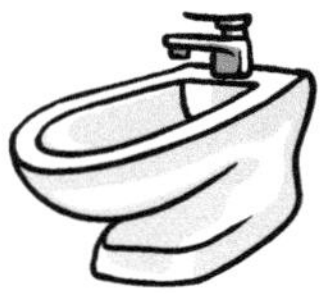

das Bidet

bidet

das Pissoir

urinoir

das Toilettenpapier

toiletpapier

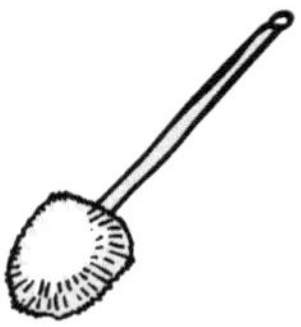

die Toilettenbürste

toiletborstel

die Zahnbürste

tandenborstel

die Zahnpasta

tandpasta

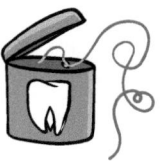

die Zahnseide

flosdraad

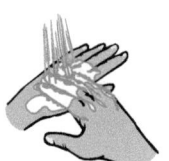

waschen

wassen

die Handbrause

handdouche

die Intimdusche

bidethanddouche

die Waschschüssel

waskom

die Rückenbürste

rugborstel

die Seife

zeep

das Duschgel

douchegel

das Shampoo

shampoo

der Waschlappen

washandje

der Abfluss

afvoer

die Creme

crème

das Deodorant

deodorant

der Spiegel

spiegel

der Kosmetikspiegel

handspiegel

der Rasierer

scheermes

der Rasierschaum

scheerschuim

das Rasierwasser

aftershave

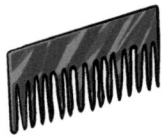

der Kamm

kam

die Bürste

borstel

der Föhn

haardroger

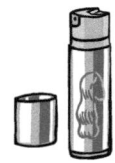

das Haarspray

haarlak

das Makeup

make-up

der Lippenstift

lippenstift

der Nagellack

nagellak

die Watte

watten

die Nagelschere

nagelknipper

das Parfum

parfum

der Kulturbeutel

toilettas

der Hocker

kruk

die Waage

weegschaal

der Bademantel

badjas

die Gummihandschuhe

latex handschoenen

das Tampon

tampon

die Damenbinde

maandverband

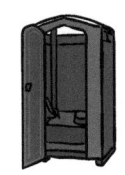

die Chemietoilette

chemisch toilet

das Kinderzimmer

kinderkamer

der Wecker
wekker
das Kuscheltier
knuffel
das Spielzeugauto
speelgoedauto
die Rassel
rammelaar
das Puppenhaus
poppenhuis
das Geschenk
geschenk

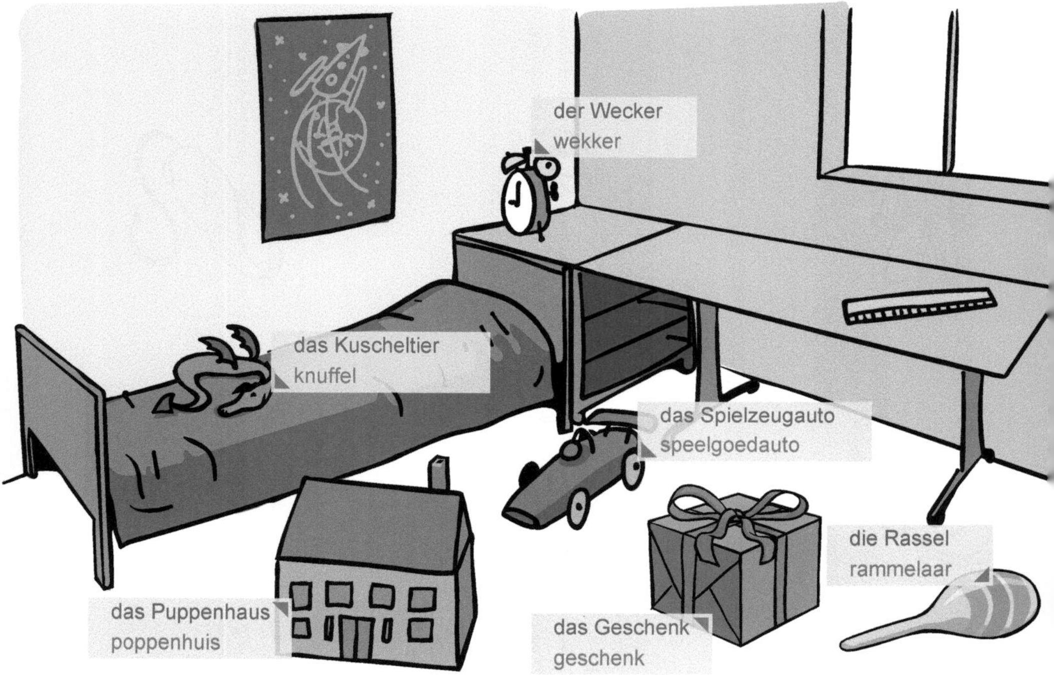

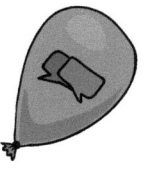

der Ballon

ballon

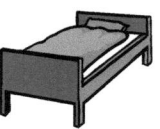

das Bett

bed

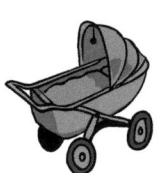

der Kinderwagen

kinderwagen

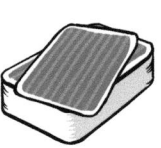

das Kartenspiel

spel kaarten

das Puzzle

puzzel

SUPER
MEGA

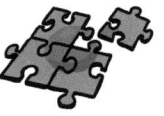

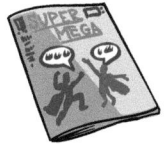

der Comic

stripboek

die Legosteine

legoblokjes

die Bausteine

blokken

die Action Figur

actiefiguur

der Strampelanzug

kruippakje

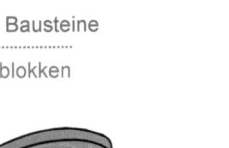

das Frisbee

frisbee

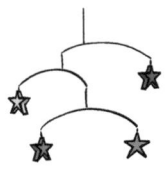

das Mobile

mobiel

das Brettspiel

bordspel

der Würfel

dobbelsteen

die Modelleisenbahn

modelspoorweg

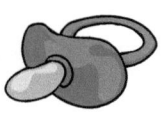

der Schnuller

fopspeen

die Party

feest

das Bilderbuch

prentenboek

der Ball

bal

die Puppe

pop

spielen

spelen

der Sandkasten

zandbak

die Schaukel

schommel

das Spielzeug

speelgoed

die Spielkonsole

spelconsole

das Dreirad

driewieler

der Teddy

knuffelbeer

der Kleiderschrank

kleerkast

die Kleidung
kleding

die Socken

sokken

die Strümpfe

kousen

die Strumpfhose

maillot

der Schal
sjaal

der Regenschirm
paraplu

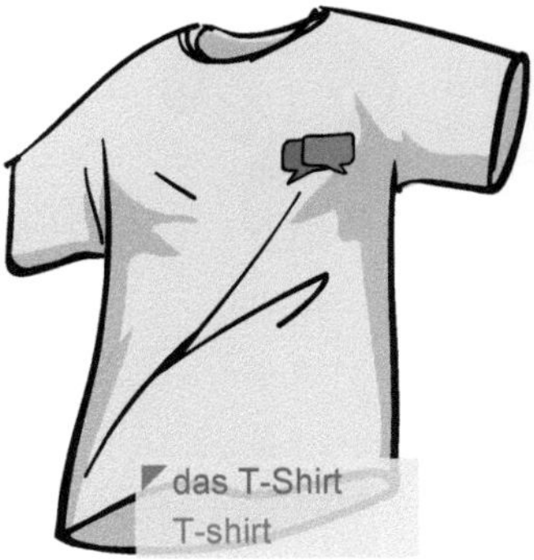

das T-Shirt
T-shirt

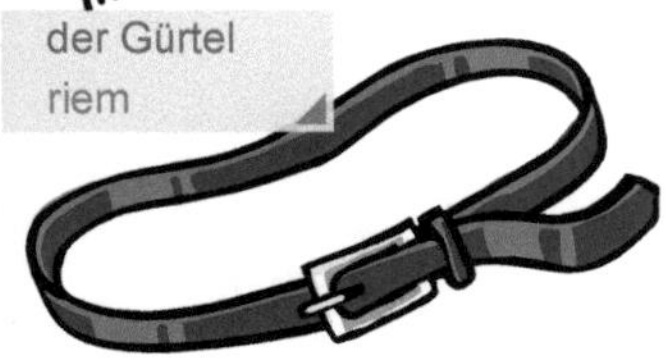

der Gürtel
riem

der Stiefel
laarzen

die Hausschuhe
slippers

die Turnschuhe
sneakers

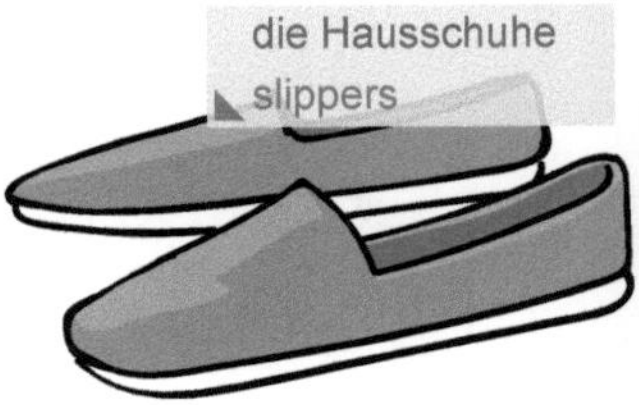

die Sandalen
....
sandalen

die Schuhe
....
schoenen

die Gummistiefel
....
rubberlaarzen

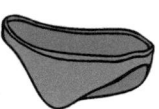

die Unterhose
....
onderbroek

der Büstenhalter
....
beha

das Unterhemd
....
onderhemd

der Body

lichaam

die Hose

broek

die Jeans

jeans

der Rock

rok

die Bluse

blouse

das Hemd

hemd

der Pullover

trui

der Kapuzenpullover

capuchontrui

der Blazer

blazer

die Jacke

jas

der Mantel

jas

der Regenmantel

regenjas

das Kostüm

kostuum

das Kleid

jurk

das Hochzeitskleid

trouwjurk

der Anzug

pak

das Nachthemd

nachthemd

der Schlafanzug

pyjama

der Sari

sari

das Kopftuch

hoofddoek

der Turban

tulband

die Burka

boerka

der Kaftan

kaftan

die Abaya

abaya

der Badeanzug

badpak

die Badehose

zwembroek

die kurze Hose

short

der Trainingsanzug

trainingspak

die Schürze

schort

die Handschuhe

handschoenen

der Knopf

knoop

die Brille

bril

das Armband

armband

die Halskette

ketting

der Ring

ring

der Ohrring

oorbel

die Mütze

pet

der Kleiderbügel

kapstok

der Hut

hoed

die Krawatte

das

der Reißverschluss

rits

der Helm

helm

der Hosenträger

bretellen

die Schuluniform

schooluniform

die Uniform

uniform

das Lätzchen

slabbetje

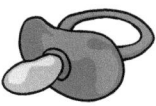

der Schnuller

fopspeen

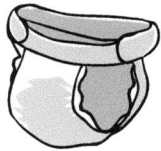

die Windel

luier

das Büro
kantoor

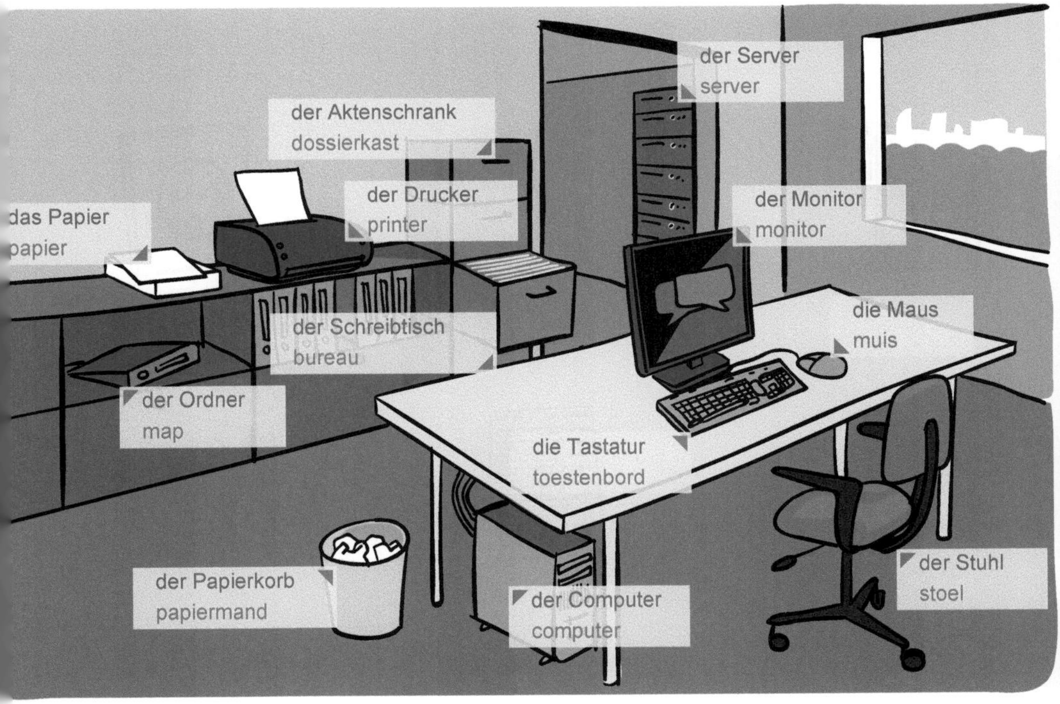

der Server
server

der Aktenschrank
dossierkast

der Drucker
printer

das Papier
papier

der Monitor
monitor

der Schreibtisch
bureau

die Maus
muis

der Ordner
map

die Tastatur
toestenbord

der Papierkorb
papiermand

der Computer
computer

der Stuhl
stoel

der Kaffeebecher

koffiemok

der Taschenrechner

rekenmachine

das Internet

internet

der Laptop
laptop

der Brief
brief

die Nachricht
bericht

das Handy
gsm

das Netzwerk
netwerk

der Kopierer
kopieerapparaat

die Software
software

das Telefon
telefoon

die Steckdose
stopcontact

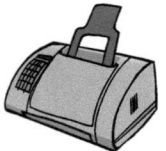

das Fax
fax

das Formular
formulier

das Dokument
document

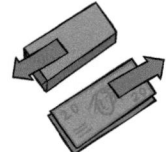

kaufen

kopen

bezahlen

betalen

handeln

handelen

das Geld

geld

der Dollar

dollar

der Euro

euro

der Yen

yen

der Rubel

roebel

der Franken

Zwitserse frank

der Renminbi Yuan

Chinese renminbi

die Rupie

roepie

der Geldautomat

geldautomaat

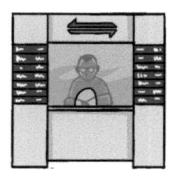

die Wechselstube

wisselkantoor

das Gold

goud

das Silber

zilver

das Öl

olie

die Energie

energie

der Preis

prijs

der Vertrag

contract

die Steuer

belasting

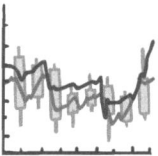

die Aktie

aandeel

arbeiten

werken

der Angestellte

werknemer

der Arbeitgeber

werkgever

die Fabrik

fabriek

das Geschäft

winkel

die Berufe
beroepen

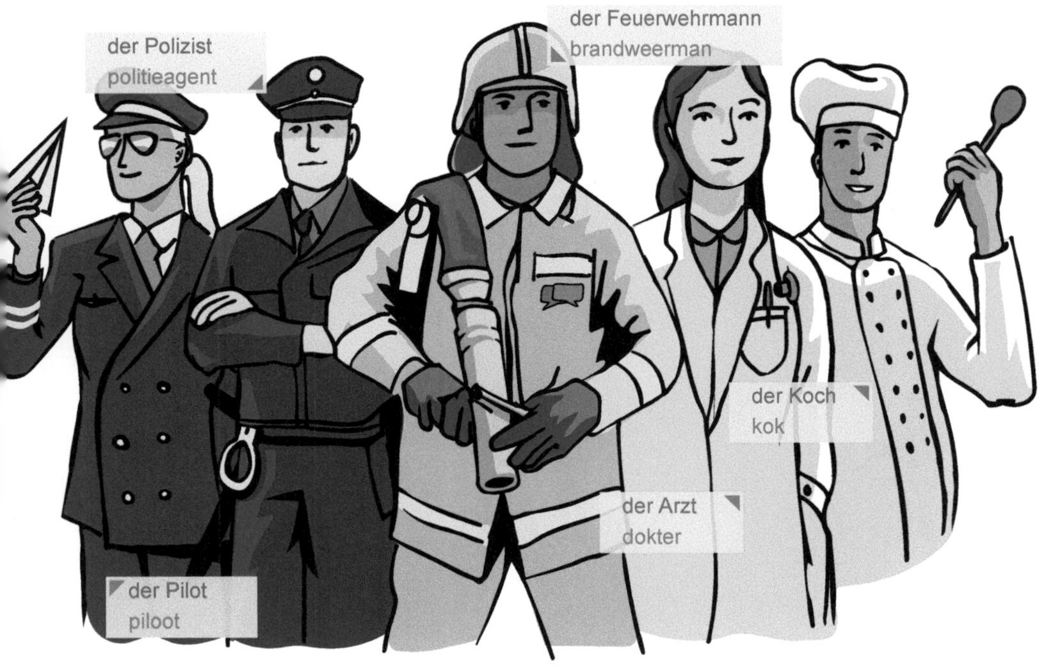
der Polizist
politieagent
der Feuerwehrmann
brandweerman
der Koch
kok
der Arzt
dokter
der Pilot
piloot

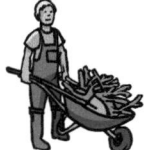

der Gärtner

tuinman

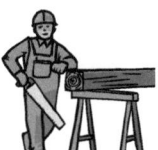

der Tischler

timmerman

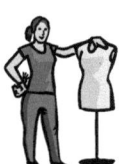

die Näherin

naaister

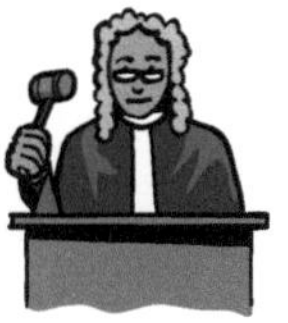

der Richter

rechter

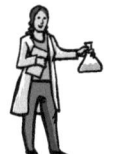

der Chemiker

chemicus

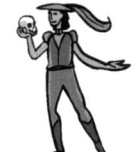

der Schauspieler

acteur

der Busfahrer

buschauffeur

die Putzfrau

schoonmaakster

der Jäger

jager

der Elektriker

elektricien

der Schlachter

slager

der Taxifahrer

taxichauffeur

der Dachdecker

dakdekker

der Maler

schilder

der Bauarbeiter

bouwvakker

der Fischer

visser

der Kellner

ober

der Bäcker

bakker

der Ingenieur

ingenieur

der Klempner

loodgieter

der Postbote

postbode

die Berufe - beroepen

der Soldat

soldaat

der Architekt

architect

der Kassierer

kassier

der Florist

bloemist

der Friseur

kapper

der Schaffner

conducteur

der Mechaniker

mecanicien

der Kapitän

kapitein

der Zahnarzt

tandarts

der Wissenschaftler

wetenschapper

der Rabbi

rabbijn

der Imam

imam

der Mönch

monnik

der Geistliche

geestelijke

die Werkzeuge
werktuigen

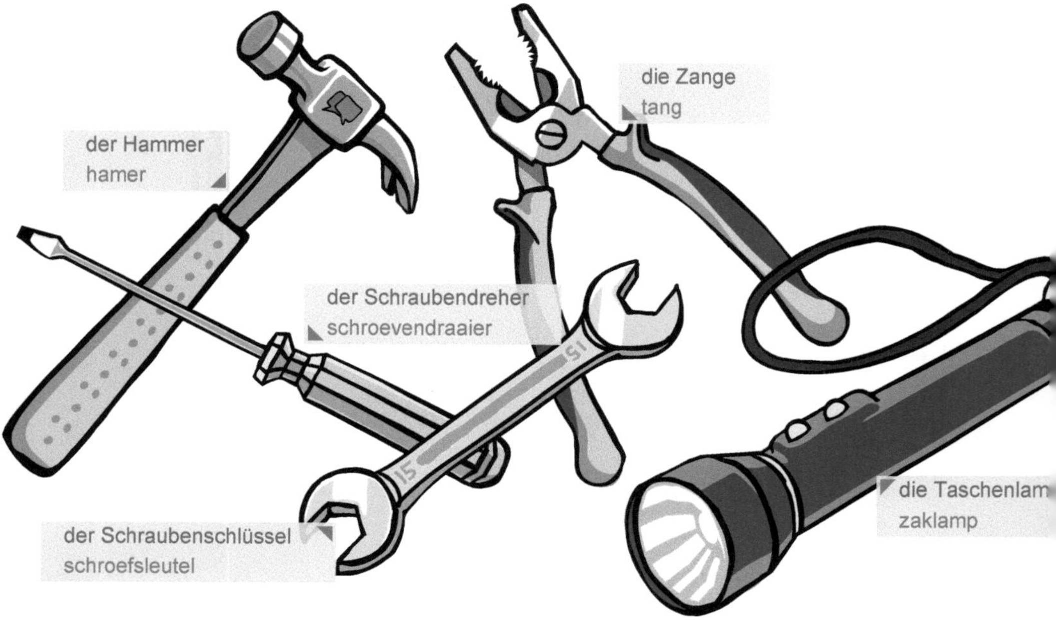

der Hammer
hamer
die Zange
tang
der Schraubendreher
schroevendraaier
der Schraubenschlüssel
schroefsleutel
die Taschenlam
zaklamp

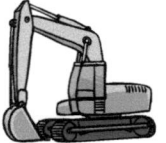

der Bagger

graafmachine

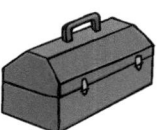

der Werkzeugkasten

gereedschapskoffer

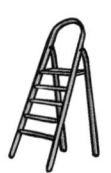

die Leiter

ladder

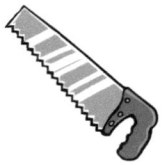

die Säge

zaag

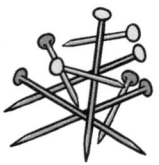

die Nägel

spijkers

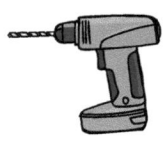

der Bohrer

boormachine

reparieren
repareren

die Schaufel
schop

Mist!
Verdomme!

das Kehrblech
blik

der Farbtopf
verfpot

die Schrauben
schroeven

die Musikinstrumente
muziekinstrumenten

der Lautsprecher
luidspreker

das Schlagzeug
drumstel

die Gitarre
gitaar

der Kontrabass
contrabas

die Trompete
trompet

das Klavier

piano

die Violine

viool

der Bass

basgitaar

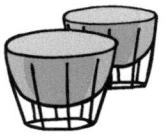

die Pauke

pauk

die Trommeln

trommels

das Keyboard

keyboard

das Saxophon

saxofoon

die Flöte

fluit

das Mikrofon

microfoon

die Musikinstrumente - muziekinstrumenten

der Zoo

zoo

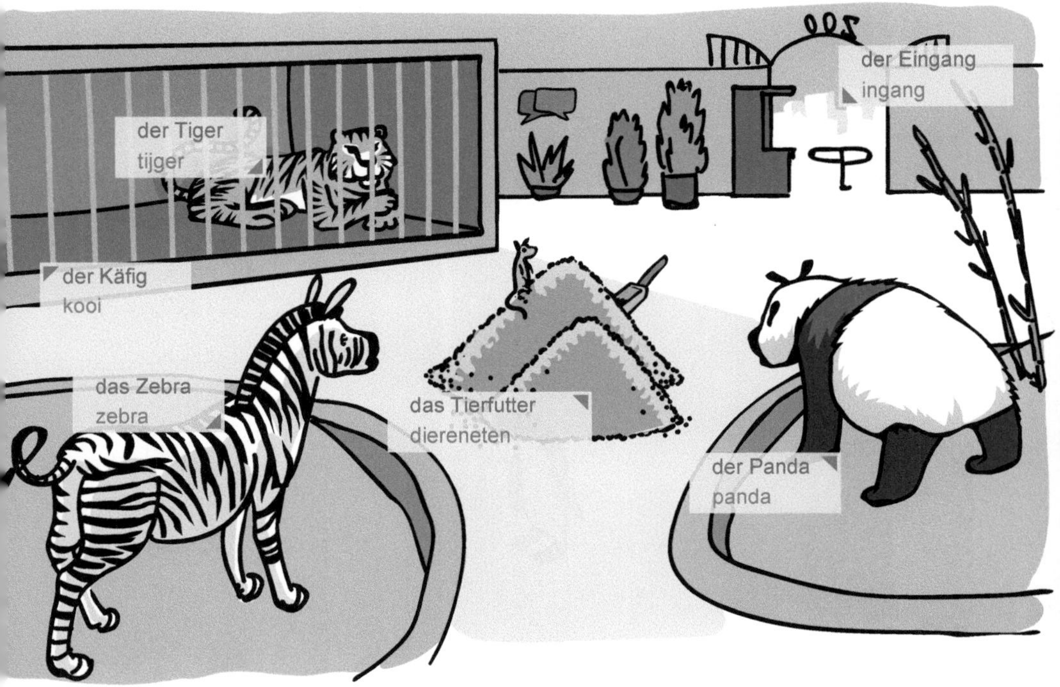

der Tiger
tijger
der Käfig
kooi
das Zebra
zebra
das Tierfutter
dierenveer
der Eingang
ingang
der Panda
panda

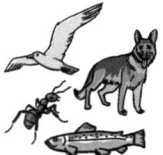

die Tiere

dieren

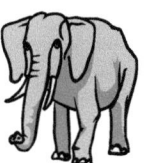

der Elefant

olifant

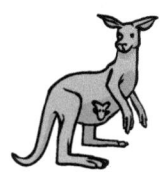

das Känguruh

kangoeroe

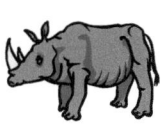

das Nashorn

neushoorn

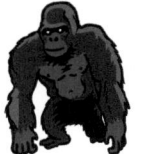

der Gorilla

gorilla

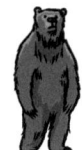

der Bär

beer

das Kamel

kameel

der Strauß

struisvogel

der Löwe

leeuw

der Affe

aap

der Flamingo

flamingo

der Papagei

papegaai

der Eisbär

ijsbeer

der Pinguin

pinguïn

der Hai

haai

der Pfau

pauw

die Schlange

slang

das Krokodil

krokodil

der Zoowärter

dierenverzorger

die Robbe

zeehond

der Jaguar

jaguar

der Zoo - zoo

das Pony

pony

der Leopard

luipaard

das Nilpferd

nijlpaard

die Giraffe

giraffe

der Adler

adelaar

das Wildschwein

wild zwijn

der Fisch

vis

die Schildkröte

zeeschildpad

das Walross

walrus

der Fuchs

vos

die Gazelle

gazelle

der Sport
sporten

das American Football
rugby

das Radfahren
wielrennen

das Tennis
tennis

der Basketball
basketbal

das Schwimmen
zwemmen

das Boxen
boksen

das Eishockey
ijshockey

der Fußball
voetbal

das Badminton
badminton

die Leichtathletik
atletiek

der Handball
handbal

das Skilaufen
skiën

das Polo
polo

die Aktivitäten

activiteiten

lachen
lachen
springen
springen
umarmen
knuffelen
gehen
wandelen
singen
zingen
träumen
dromen
beten
bidden
küssen
kussen

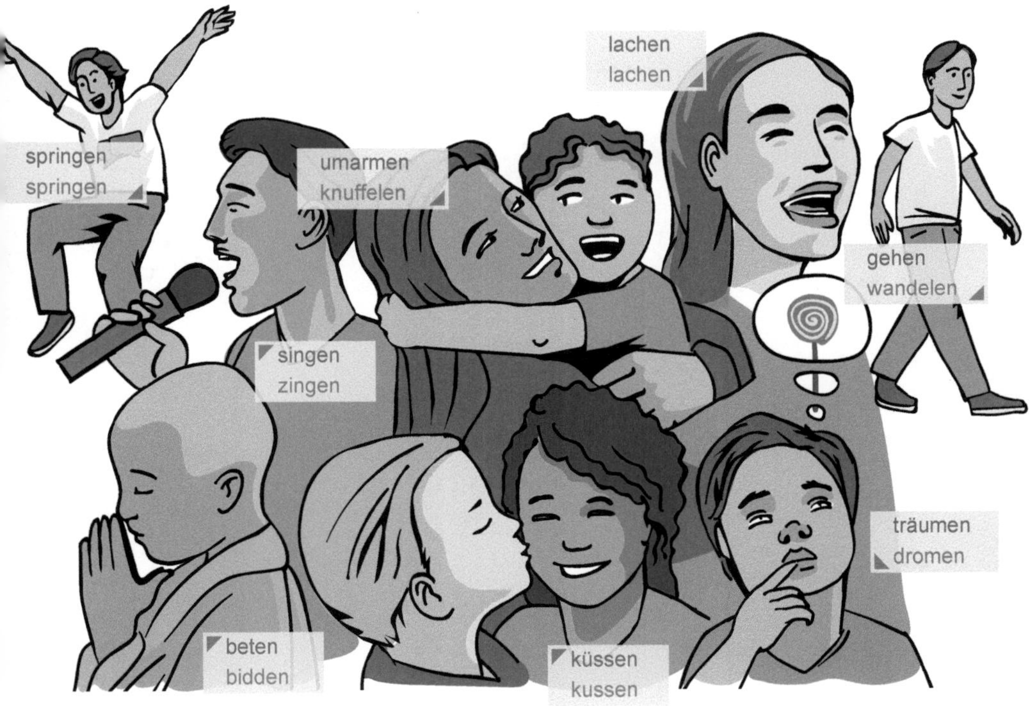

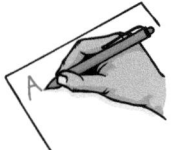

schreiben

schrijven

zeichnen

tekenen

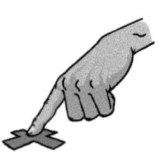

zeigen

tonen

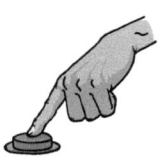

drücken

duwen

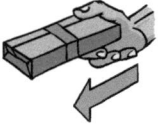

geben

geven

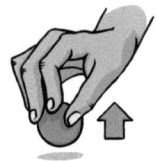

nehmen

nemen

haben
hebben

tun
doen

sein
zijn

stehen
staan

laufen
lopen

ziehen
trekken

werfen
gooien

fallen
vallen

liegen
liggen

warten
wachten

tragen
dragen

sitzen
zitten

anziehen
aankleden

schlafen
slapen

aufwachen
ontwaken

die Aktivitäten - activiteiten

ansehen

kijken naar

weinen

wenen

streicheln

aaien

kämmen

kammen

reden

praten

verstehen

begrijpen

fragen

vragen

hören

luisteren

trinken

drinken

essen

eten

aufräumen

opruimen

lieben

houden van

kochen

koken

fahren

rijden

fliegen

vliegen

segeln

zeilen

rechnen

rekenen

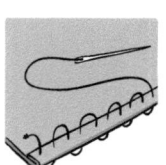

lesen

Lezen

lernen

leren

arbeiten

werken

heiraten

trouwen

nähen

naaien

Zähne putzen

tandenpoetsen

töten

doden

rauchen

roken

senden

sturen

e Großmutter
ootmoeder

der Großvater
grootvader

der Vater
vader

die Mutter
moeder

das Baby
baby

die Tochter
dochter

der Sohn
zoon

der Gast

gast

die Tante

tante

der Onkel

oom

der Bruder

broer

die Schwester

zus

der Körper
lichaam

die Stirn
voorhoofd
das Auge
oog
die Schulter
schouder
der Finger
vinger
das Gesicht
gezicht
das Kinn
kin
die Hand
hand
das Bein
been
die Brust
borst
der Arm
arm

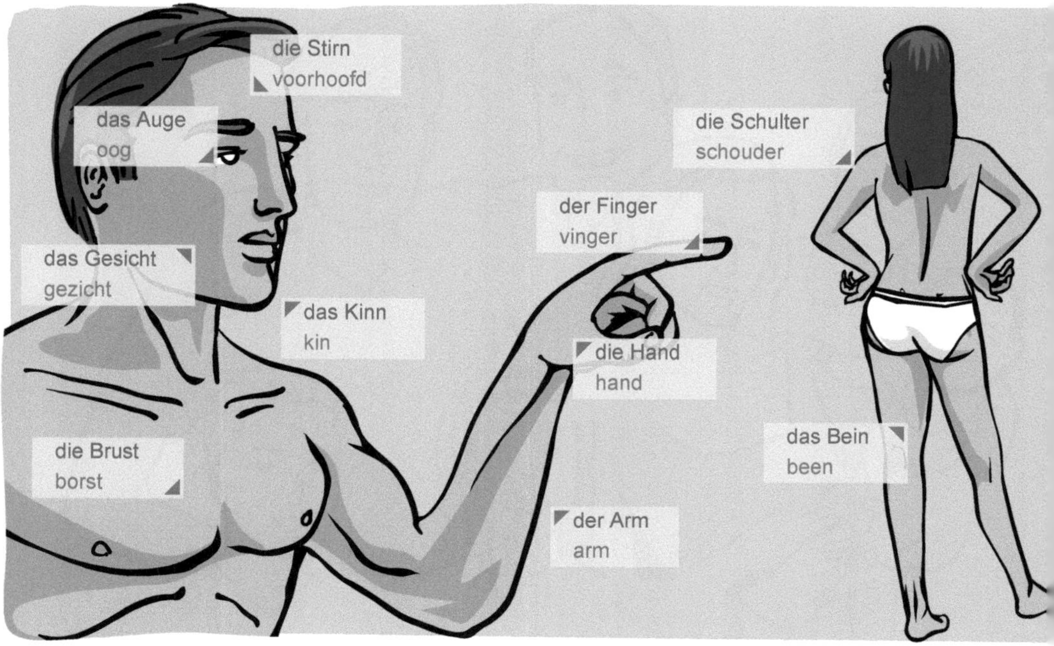

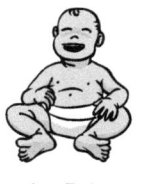

das Baby
baby

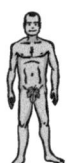

der Mann
man

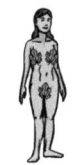

die Frau
vrouw

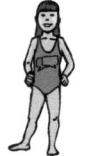

das Mädchen
meisje

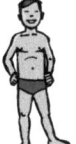

der Junge
jongen

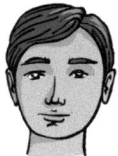

der Kopf
hoofd

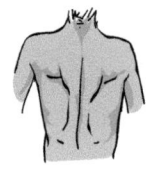

der Rücken
rug

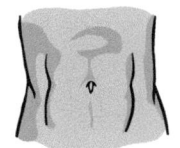

der Bauch
buik

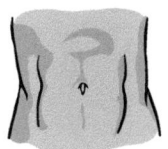

der Nabel
navel

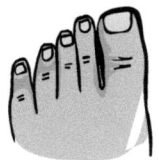

der Zeh
teen

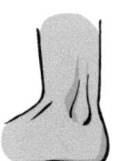

die Ferse
hiel

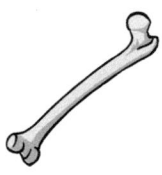

der Knochen
bot

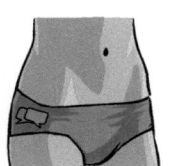

die Hüfte
heup

das Knie
knie

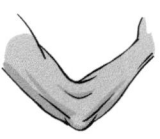

der Ellenbogen
elleboog

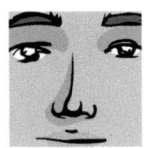

die Nase
neus

das Gesäß
zitvlak

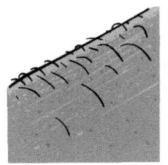

die Haut
huid

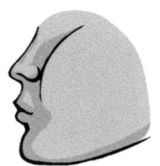

die Wange
wang

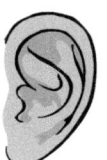

das Ohr
oor

die Lippe
lip

der Mund

mond

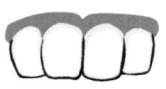

der Zahn

tand

die Zunge

tong

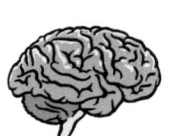

das Gehirn

hersenen

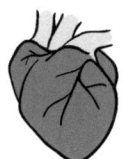

das Herz

hart

der Muskel

spier

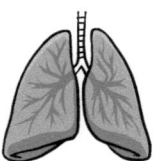

die Lunge

long

die Leber

lever

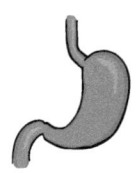

der Magen

maag

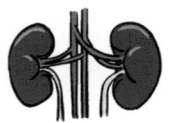

die Nieren

nieren

der Geschlechtsverkehr

seks

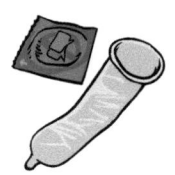

das Kondom

condoom

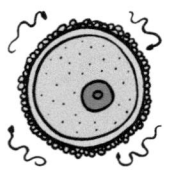

die Eizelle

eicel

das Sperma

sperma

die Schwangerschaft

zwangerschap

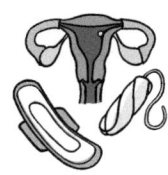

die Menstruation

menstruatie

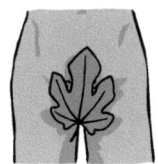

die Vagina

vagina

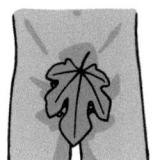

der Penis

penis

die Augenbraue

wenkbrauw

das Haar

haar

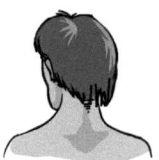

der Hals

nek

das Krankenhaus
ziekenhuis

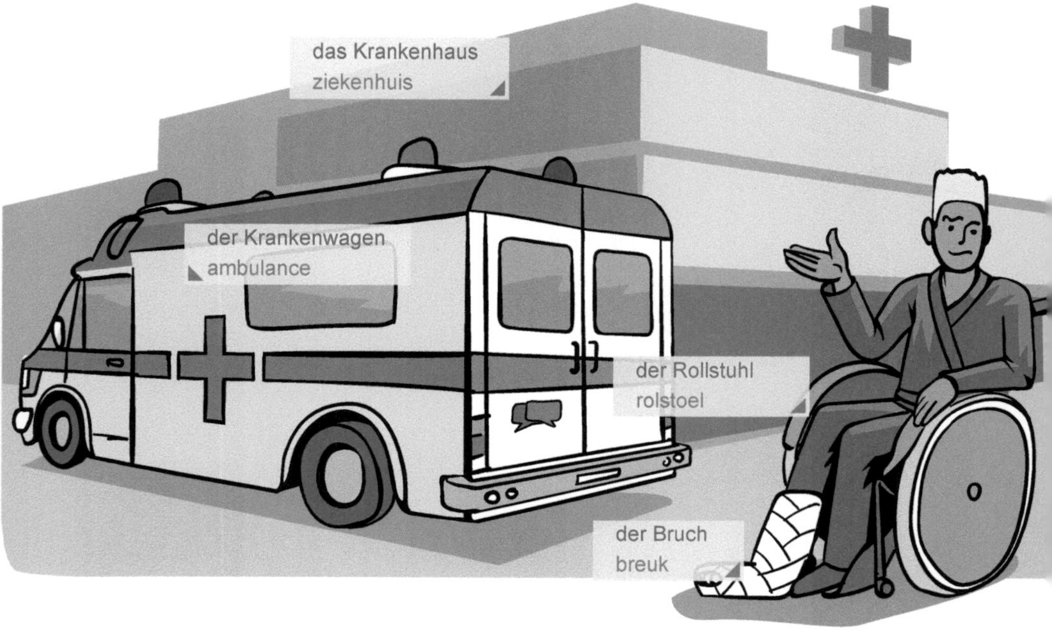

das Krankenhaus
ziekenhuis
der Krankenwagen
ambulance
der Rollstuhl
rolstoel
der Bruch
breuk

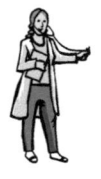

der Arzt
dokter

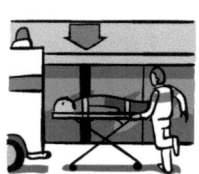

die Notaufnahme
spoed

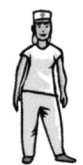

die Krankenschwester
verpleegkundige

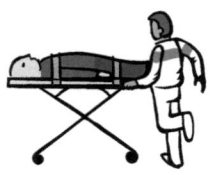

der Notfall
noodgeval

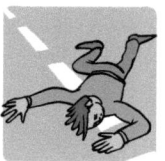

ohnmächtig
bewusteloos

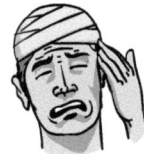

der Schmerz
pijn

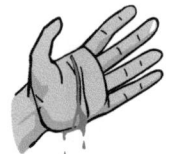

die Verletzung

verwonding

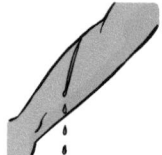

die Blutung

bloeding

der Herzinfarkt

hartaanval

der Schlaganfall

beroerte

die Allergie

allergie

der Husten

hoest

das Fieber

koorts

die Grippe

griep

der Durchfall

diarree

die Kopfschmerzen

hoofdpijn

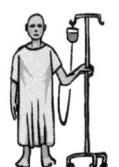

der Krebs

kanker

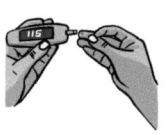

die Diabetis

diabetes

der Chirurg

chirurg

das Skalpell

scalpel

die Operation

operatie

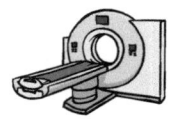

das CT

CT

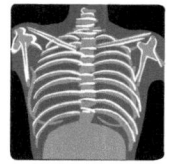

das Röntgen

röntgenstraal

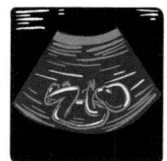

das Ultraschall

ultrageluid

die Maske

gezichtsmasker

die Krankheit

ziekte

das Wartezimmer

wachtkamer

die Krücke

kruk

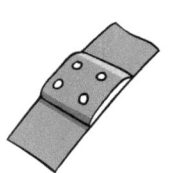

das Pflaster

pleister

der Verband

verband

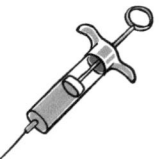

die Injektion

injectie

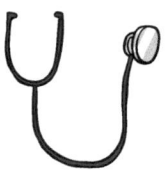

das Stethoskop

stethoscoop

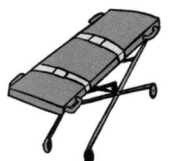

die Trage

brancard

das Thermometer

thermometer

die Geburt

geboorte

das Übergewicht

overgewicht

das Hörgerät

hoorapparaat

das Desinfektionsmittel

ontsmettingsmiddel

die Infektion

infectie

das Virus

virus

das HIV / AIDS

HIV / AIDS

die Medizin

medicijn

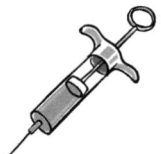

die Impfung

vaccinatie

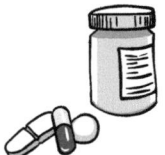

die Tabletten

tabletten

die Pille

pil

der Notruf

noodoproep

das Blutdruck-Messgerät

bloeddrukmeter

krank / gesund

ziek / gezond

Hilfe!

Help!

der Alarm

alarm

der Überfall

overval

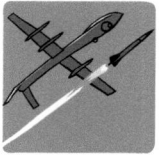

der Angriff

aanval

die Gefahr

gevaar

der Notausgang

nooduitgang

Feuer!

Brand!

der Feuerlöscher

brandblusser

der Unfall

ongeval

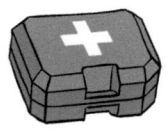

der Erste-Hilfe-Koffer

EHBO-kit

SOS

SOS

die Polizei

politie

die Erde
aarde

das Europa

Europa

das Nordamerika

Noord-Amerika

das Südamerika

Zuid-Amerika

das Afrika

Afrika

das Asien

Azië

das Australien

Australië

der Atlantik

Atlantische Oceaan

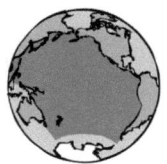

der Pazifik

Stille Oceaan

der Indische Ozean

Indische Oceaan

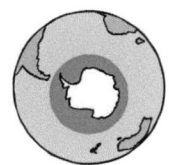

der Antarktische Ozean

Antarctische Oceaan

der Arktische Ozean

Arctische Oceaan

der Nordpol

Noordpool

der Südpol

Zuidpool

die Antarktis

Antarctica

die Erde

aarde

das Land

land

das Meer

zee

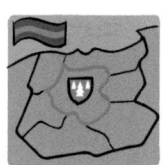

die Insel

eiland

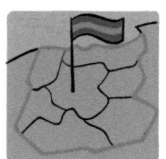

die Nation

natie

der Staat

staat

das Zifferblatt

wijzerplaat

der Stundenzeiger

uurwijzer

der Minutenzeiger

minuutwijzer

der Sekundenzeiger

secondewijzer

Wie spät ist es?

Hoe laat is het?

der Tag

dag

die Zeit

tijd

jetzt

nu

die Digitaluhr

digitale horloge

die Minute

minuut

die Stunde

uur

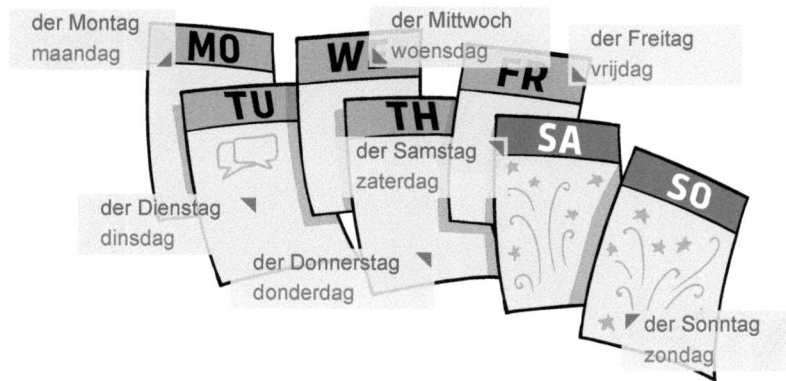

der Montag — maandag
der Dienstag — dinsdag
der Mittwoch — woensdag
der Donnerstag — donderdag
der Freitag — vrijdag
der Samstag — zaterdag
der Sonntag — zondag

gestern
gisteren

heute
vandaag

morgen
morgen

der Morgen
ochtend

der Mittag
middag

der Abend
avond

die Arbeitstage
werkdagen

das Wochenende
weekend

das Jahr

jaar

der Regen
regen
der Regenbogen
regenboog
der Schnee
sneeuw
der Winc
wind
der Frühling
lente
der Herbst
herfst
der Sommer
zomer
der Winter
winter

4.APRIL 11°
5.APRIL 4°
6.APRIL 13°
7.APRIL 8°
8.APRIL 10°

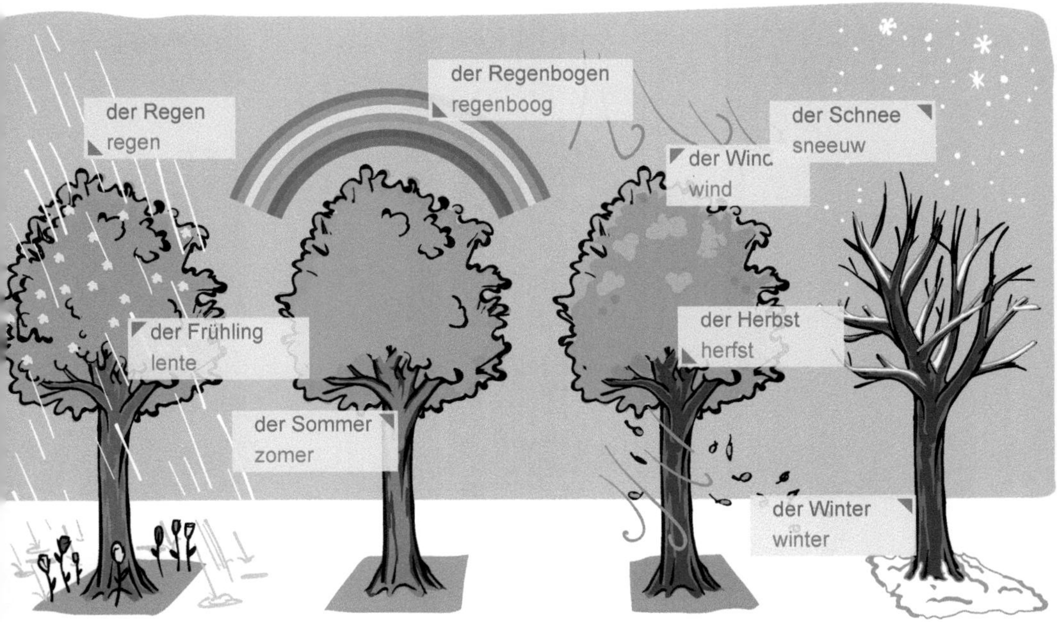

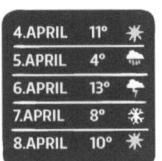

die Wettervorhersage

weervoorspelling

F
C
120
90
60
30
0
-30
40
30
20
10
0
-10
-20

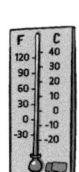

das Thermometer

thermometer

der Sonnenschein

zonneschijn

die Wolke

wolk

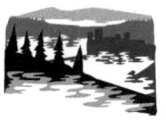

der Nebel

mist

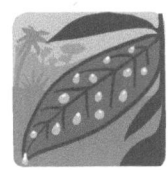

die Luftfeuchtigkeit

vochtigheid

der Blitz

bliksem

der Donner

donder

der Sturm

storm

der Hagel

hagel

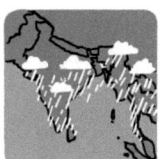

der Monsun

moesson

die Flut

overstroming

das Eis

ijs

der Januar

januari

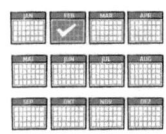

der Februar

februari

der März

maart

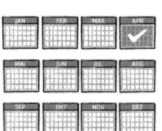

der April

april

der Mai

mei

der Juni

juni

der Juli

juli

der August

augustus

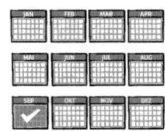

der September
....
september

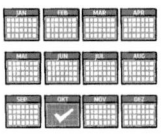

der Oktober
....
oktober

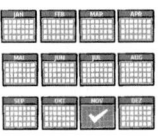

der November
....
november

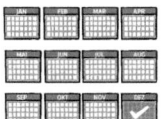

der Dezember
....
december

die Formen

vormen

der Kreis
....
cirkel

das Quadrat
....
kwadraat

das Rechteck
....
rechthoek

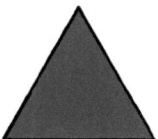

das Dreieck
....
driehoek

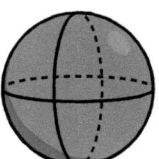

die Kugel
....
bol

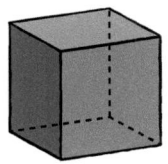

der Würfel
....
kubus

weiß

wit

gelb

geel

orange

oranje

pink

roze

rot

rood

lila

paars

blau

blauw

grün

groen

braun

bruin

grau

grijs

schwarz

zwart

viel / wenig

veel / weinig

wütend / friedlich

boos / kalm

hübsch / hässlich

mooi / lelijk

der Anfang / das Ende

begin / einde

groß / klein

groot / klein

hell / dunkel

licht / donker

der Bruder / die Schwester

broer / zus

sauber / schmutzig

proper / vuil

vollständig / unvollständig

volledig / onvolledig

der Tag / die Nacht

dag / nacht

tot / lebendig

dood / levend

breit / schmal

breed / smal

genießbar / ungenießbar

eetbaar / oneetbaar

böse / freundlich

kwaadaardig / vriendelijk

aufgeregt / gelangweilt

opgewonden / verveeld

dick / dünn

dik / dun

zuerst / zuletzt

eerst / laatst

der Freund / der Feind

vriend / vijand

voll / leer

vol / leeg

hart / weich

hard / zacht

schwer / leicht

zwaar / licht

der Hunger / der Durst

honger / dorst

krank / gesund

ziek / gezond

illegal / legal

illegaal / legaal

intelligent / dumm

intelligent / dom

links / rechts

links / rechts

nah / fern

dichtbij / veraf

neu / gebraucht

nieuw / gebruikt

nichts / etwas

niets / iets

alt / jung

oud / jong

an / aus

aan / uit

offen / geschlossen

open / dicht

leise / laut

stil / luid

reich / arm

rijk / arm

richtig / falsch

juist / fout

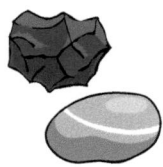

rau / glatt

ruw / glad

traurig / glücklich

droevig / blij

kurz / lang

kort / lang

langsam / schnell

traag / snel

nass / trocken

nat / droog

warm / kühl

warm / koud

der Krieg / der Frieden

oorlog / vrede

0

null

nul

1

eins

één

2

zwei

twee

3

drei

drie

4

vier

vier

5

fünf

vijf

6

sechs

zes

7

sieben

zeven

8

acht

acht

9

neun

negen

10

zehn

tien

11

elf

elf

12
zwölf
twaalf

13
dreizehn
dertien

14
vierzehn
veertien

15
fünfzehn
vijftien

16
sechzehn
zestien

17
siebzehn
zeventien

18
achtzehn
achtien

19
neunzehn
negentien

20
zwanzig
twintig

100
hundert
honderd

1.000
tausend
duizend

1.000.000
million
miljoen

Englisch

Engels

Amerikanisches Englisch

Amerikaans Engels

Chinesisch Mandarin

Chinees (Mandarijn)

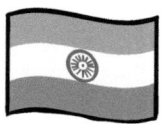

Hindi

Hindi

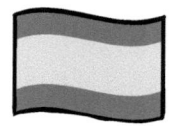

Spanisch

Spaans

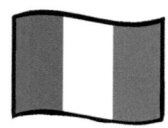

Französisch

Frans

Arabisch

Arabisch

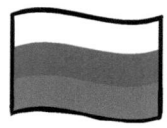

Russisch

Russisch

Portugiesisch

Portugees

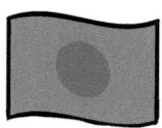

Bengalisch

Bengali

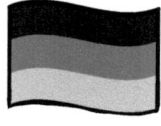

Deutsch

Duits

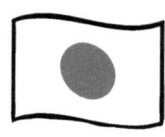

Japanisch

Japans

ich
ik

du
u

er / sie / es
hij / zij / het

wir
wij

ihr
u

sie
ze

wer?
wie?

was?
wat?

wie?
hoe?

wo?
waar?

wann?
wanneer?

Name
naam

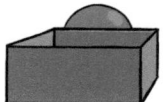

hinter
....
achter

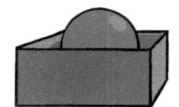

in
....
in

vor
....
voor

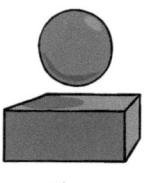

über
....
boven

auf
....
op

unter
....
onder

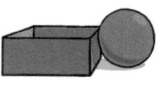

neben
....
naast

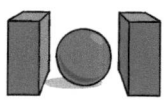

zwischen
....
tussen

der Ort
....
plaats